KB195304

예쁜 마음
바른 글씨

또박또박
동시 따라쓰기

엮은이 이미선 · 그린이 권은재

미래주니어

마음도 글씨도 예뻐지는 법

동시는 어린이의 마음을 담아낸 아름다운 노래와 같아요. 동시를 노래하듯 읽고 따라 써 보세요. 고운 표현들이 마음속에 스며들고, 세상을 따뜻한 시선으로 바라보는 법을 배우게 되지요.

동시의 소재는 주로 주변의 사람이나 사물, 자연을 대상으로 하는 경우가 많아요. 그래서 동시를 자주 읽고 따라 쓰면 일상을 새롭게 바라보게 돼요. 눈으로 보고, 귀로 듣고, 마음으로 느낀 것을 표현하는 힘도 길러집니다.

이 책에는 윤동주, 김소월, 방정환, 정지용 등 우리나라를 대표하는 시인들의 동시 중에서 교과서에 실린 작품과 어린이들에게 특별히 추천하고 싶은 아름다운 동시를 골라 담았어요. 총 60편의 동시를 시인별로 소개해 각 시인들만의 특징을 알게 했어요. 동시를 읽고 따라 쓰면서, 예쁜 마음을 기르고 바른 글씨 쓰기 연습도 할 수 있습니다. 또한 동시에는 우리말의 아름다움이 가득 담겨 있어서 고운 단어와 다양한 어휘를 익힐 수 있답니다.

바른 글씨를 연습할 때는 글자의 '글꼴'이 무척 중요해요. 이 책에서는 글꼴의 형태가 단순하고 명확한 '고딕체'를 사용해 글자의 모양을 또렷이 이해하고 또박또박 따라쓰기 쉽게 만들었어요. 꾸밈이 적고 균형 잡힌 글꼴로 연습하여 바른 글씨체의 기본기를 다지고 나면, 이후에 나만의 글씨체를 만들고 예쁜 글씨를 쓰는 데 큰 도움이 됩니다.

또 하나 기억할 것은 따라쓰기에서 원고지나 칸 노트에 연습하는 것이 띄어쓰기와 글씨의 균형감을 익히는 데 효과적이에요. 그래서 본문은 '칸 노트 쓰기'를 기본으로 구성하고, 일반적인 '줄 노트 쓰기'도 함께 편집해 다양한 방식의 글씨 쓰기 연습이 되도록 했어요.

동시를 읽으며 시인의 마음을 느끼고, 한 줄 한 줄 정성스럽게 따라 써 보세요. 때로는 동시 속 주인공이 된 듯한 특별한 순간도 경험하게 될 거예요. 이 책이 어린이 여러분의 고운 마음을 더 아름답게 가꾸고, 또박또박 바른 글씨를 쓰는 데 든든한 친구가 되길 바랄게요.

엮은이 이미선

동시에 대해 알아보아요!

동시란?

어린이의 생각과 느낌을 담은 시를 '동시'라고 해요.
동시는 어린이가 쓰거나 어른이 어린이의 눈으로 느낀 것을 표현한 글이에요.

동시의 특징

1. 행과 연이 나뉘어 있고 노래 같아요.
2. 짧은 글에 생각과 느낌이 담겨 있어요.
3. 비유적인 표현을 사용해요.

동시의 행과 연

예시 **오리**

둥둥 엄마 오리,	—— 1행 ——	1연
못물 위에 둥둥.	—— 2행 ——	
동동 아기 오리,	—— 3행 ——	2연
엄마 따라 동동.	—— 4행 ——	
풍덩 엄마 오리,	—— 5행 ——	3연
못물 속에 풍덩.	—— 6행 ——	
퐁당 아기 오리,	—— 7행 ——	4연
엄마 따라 퐁당.	—— 8행 ——	

동시의 한 줄을 '행'이라 하고, 여러 행을 합한 단락을 '연'이라고 해요.
동시에서는 행과 연을 나누어 내용을 구분해 주고 노래처럼 리듬을 살려 표현하기도 해요.

비유란?

비유는 어떤 것을 설명할 때 다른 것에 빗대어 표현하는 방법이에요.
비유적인 표현을 쓰면 글이 재미있어지고, 글을 읽는 사람이 더 쉽게 상상할 수 있게 만들어 줘요.

예시 **솜사탕 같은 구름**
➡ 구름을 하얀 솜사탕에 빗대어 표현했어요.

보석처럼 빛나는 아이의 눈
➡ 반짝이는 눈을 보석에 빗대어 표현했어요.

동시를 읽고 따라 쓰는 법

1. 동시를 읽을 때는 내용을 머릿속으로 상상해 보세요.
2. 노래를 부르듯 소리 내어 천천히 읽어요.
3. 띄어쓰기를 잘 살피며 행과 연을 맞춰 따라 쓰세요.
4. 바른 글씨를 쓰려면 천천히! 정성스럽게 쓰는 것이 중요해요.
5. 내가 동시의 주인공이었다면 어떤 마음이었을지 질문해 보세요.

✿ 일러두기

- 우리나라 대표 시인들의 교과서에 수록된 동시와 쉽고 아름다운 동시를 선별해 실었습니다.
- 바른 글씨 쓰기 연습에 유용한 '칸 노트 쓰기'와 '줄 노트 쓰기'를 적절하게 나누어 편집했습니다.
- 동시는 원작을 실었으며, 일부 어려운 어휘는 아이들이 이해하기 쉽게 국립국어원의
  한글 맞춤법에 따라 수정했습니다.
- 동시의 느낌을 살려 옛말을 그대로 싣기도 했으며, 이때는 낱말의 뜻풀이를 달았습니다.
- 동시에 사용된 부호는 원작을 따라 표기했습니다.

차례

3장 권태응

4장 정지용·서덕출

윤동주는 일제강점기에 나라를 잃은 슬픔 속에서도

희망을 잃지 않고 따뜻한 시를 썼어요.

일본 유학 중에 독립운동을 했다는 이유로 체포되어

일본 감옥에서 세상을 떠났어요.

대표 시집 《하늘과 바람과 별과 시》는

지금도 많은 사람들에게 사랑을 받고 있어요.

1장

윤동주

반딧불

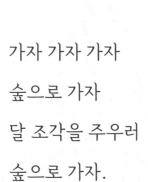

윤동주

가자 가자 가자
숲으로 가자
달 조각을 주우러
숲으로 가자.

그믐밤 반딧불은
부서진 달 조각

가자 가자 가자
숲으로 가자
달 조각을 주우러
숲으로 가자.

🌱 시인은 숲속의 반딧불이가 내는 빛을 달 조각처럼 상상했어요.
　어두운 숲을 밝혀 주는 반딧불이를 보러 가자고 친구를 부르고 있네요.

가 자 　 가 자 　 가 자

숲 으 로

그 믐 밤 　 반 딧 불 은
부 서 진 　 달 　 조 각

　 자 　 　 　 　 　 가

　 　 을

달 　 조 각 을 　 주 우 러
숲 으 로 　 가 자

나무

윤동주

나무가 춤을 추면
바람이 불고,
나무가 잠잠하면
바람도 자오.

바람이 불어서 나무가 흔들리는 것이지만, 시인은 반대로 생각했어요.
나무가 춤을 추면 바람이 불고, 나무가 멈추면 바람도 따라 한다고 느꼈어요.

나	무	가		점	점		줄	면		
마	을	이		봄						
나	무	가		자	꾸		자			
버	릴	때								

산울림

윤동주

까치가 울어서
산울림,
아무도 못 들은
산울림.

까치가 들었다
산울림,
저 혼자 들었다
산울림.

까치의 울음소리가 산에 울려 퍼지며 메아리로 돌아왔어요.
깊은 산속이라 그런지 그 소리를 아무도 듣지 못하고 까치만 혼자 들었대요.

까 치 가　울 어 서

까 치 가　울 었 니

개

윤동주

눈 위에서

개가

꽃을 그리며

뛰오.

🌱 하얗게 쌓인 눈 위를 개 한 마리가 신나게 뛰어놀고 있어요.
개의 발자국이 마치 꽃 모양처럼 예쁘게 찍혀 있군요.

무얼 먹고 사나

윤동주

바닷가 사람

물고기 잡아먹고 살고

산골엣 사람

감자 구워 먹고 살고

별나라 사람

무얼 먹고 사나.

🌱 바다와 산, 그리고 별나라를 상상하면서
그곳에 사는 사람들의 삶을 생각해 보게 하는 동시예요.

바	닷	가		사	람				
물	고	기		잡	아	먹	고		살	고
산	골	엣		사	람				
감	자		구	워		먹	고		살	고
별	나	라		사	람				
무	얼		먹	고		사	나	.	

겨울

윤동주

처마 밑에
시래기 다래미
바삭바삭
추워요.

길바닥에
말똥 동그라미
달랑달랑
얼어요.

☆ 시래기 다래미 : 무청이나 배춧잎을 말려 길게 엮은 것을 뜻하며,
　　'시래기두름'이 표준어예요.

호주머니

윤동주

넣을 것 없어
걱정이던
호주머니는

겨울만 되면
주먹 두 개 갑북갑북.

☆ **갑북** : 가득 차고 불룩한 모습을 나타낼 때 쓰여요.
겨울에 날씨가 추워지면 양쪽 호주머니에 손을 불룩하게 넣고 다니지요.

별 일 　 것 　 었 아
걸 심 이 버

해바라기 얼굴

윤동주

누나의 얼굴은
해바라기 얼굴
해가 금방 뜨자
일터에 간다.

해바라기 얼굴은
누나의 얼굴
얼굴이 숙어 들어
집으로 온다.

🌱 해바라기처럼 환한 얼굴의 누나는 아침이면 일터에 갔다가 일을 마치고
돌아올 때는 고단한 모습이었나 봐요. 우리 가족을 꽃에 비유해 보세요.

누 나 의 　 열 심 히
해 바 라 기 　 열 매

편지

윤동주

누나!
이 겨울에도
눈이 가득히 왔습니다.

흰 봉투에
눈을 한 줌 넣고
글씨도 쓰지 말고
우표도 붙이지 말고
말쑥하게 그대로
편지를 부칠까요?

누나 가신 나라엔
눈이 아니 온다기에.

☆ **말쑥하다** : 지저분하지 않고 말끔하고 깨끗하다는 뜻이에요.
　시인은 하늘나라에 간 누나를 그리워하며 시를 썼어요.

빨래

윤동주

빨랫줄에 두 다리를 드리우고
흰 빨래들이 귓속말하는 오후,

쨍쨍한 칠월 햇발은 고요히도
아담한 빨래에만 달린다.

🌱 빨랫줄에 널린 빨래들이 서로 귓속말을 나누고 있어요.
뜨거운 햇볕 아래에서 빨래들은 무슨 이야기를 나누고 있을까요?

귀뚜라미와 나와

윤동주

귀뚜라미와 나와
잔디밭에서 이야기했다.

귀뚤귀뚤
귀뚤귀뚤

아무에게도 알려 주지 말고
우리 둘만 알자고 약속했다.

귀뚤귀뚤
귀뚤귀뚤

귀뚜라미와 나와
달 밝은 밤에 이야기했다.

🌱 시인은 귀뚜라미와 잔디밭에서 소곤소곤 비밀 이야기를 나누었어요.
좋아하는 동물이나 식물이 있다면 가만히 들여다보며 말을 걸어 보세요.

귀뚜라미와 나요

건디넘어서 이야기했다.

그날처럼

귀를 기울

그 소리도 못하고

누워 울며 울지도 못했다.

귀를 기울

귀를 기울

귀뚜라미와 나와

달 밝은 밤에 이야기했다.

눈 감고 간다

윤동주

태양을 사모하는 아이들아
별을 사랑하는 아이들아

밤이 어두웠는데
눈 감고 가거라.

가진 바 씨앗을
뿌리면서 가거라.

발부리에 돌이 채이거든
감았던 눈을 와짝 떠라.

☆ **사모하다** : 마음속 깊이 그리워하고 사랑한다는 뜻이에요.
☆ **발부리** : 발끝이나 발가락 앞부분을 뜻해요.

태양을 사모하는 아이들아

별을 사랑하는 아이들아

눈 감고 가거라

가진 바 씨앗을

뿌리면서 가거라.

갈앗던 눈을 왈짝 떠라

눈

윤동주

지난밤에
눈이 소오복이 왔네

지붕이랑
길이랑 밭이랑
추워한다고
덮어 주는 이불인가 봐

그러기에
추운 겨울에만 내리지

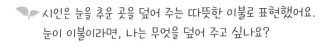

🌿 시인은 눈을 추운 곳을 덮어 주는 따뜻한 이불로 표현했어요.
   눈이 이불이라면, 나는 무엇을 덮어 주고 싶나요?

지난밤에

길어랑 밤에서

추운 겨울에만 내리지

오줌싸개 지도

윤동주

빨랫줄에 걸어 논
요에다 그린 지도
지난밤에 내 동생
오줌 싸 그린 지도

꿈에 가 본 엄마 계신
별나라 지돈가?
돈 벌러 간 아빠 계신
만주 땅 지돈가?

☆ 요 : 잠을 잘 때 바닥에 까는 침구를 뜻해요.
☆ 만주 : 중국의 동북 지방을 가리켜요.

봄

윤동주

우리 아기는
아래 발치에서 코올코올

고양이는
부뚜막에서 가릉가릉

아기 바람이
나뭇가지에서 소올소올

아저씨 해님이
하늘 한가운데서 째앵째앵.

🌱 따뜻한 봄날의 풍경이 그려져 있어요. 나뭇가지가 바람에 살랑이는 맑은 날,
아기는 엄마 곁에서 잠이 들었고, 고양이도 아궁이 옆에서 잠이 들었어요.

참새

윤동주

가을 지난 마당은 하이얀 종이
참새들이 글씨를 공부하지요.

째액째액 입으로 받아 읽으며
두 발로는 글씨를 연습하지요.

하루 종일 글씨를 공부하여도
쨱 자 한 자밖에는 더 못 쓰는걸.

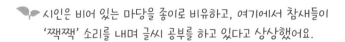 시인은 비어 있는 마당을 종이로 비유하고, 여기에서 참새들이
'쨱쨱' 소리를 내며 글씨 공부를 하고 있다고 상상했어요.

가을 지난 마당은 하이얀 종이

참새들이 글씨를 공부하지요

또 한 자 쓰고는 안 났어요

책상 위 지우개는 더 멀었고요

병아리

윤동주

"뾰, 뾰, 뾰
엄마 젖 좀 주."
병아리 소리.

"꺽, 꺽, 꺽
오냐, 좀 기다려."
엄마 닭 소리.

좀 있다가
병아리들은
엄마 품속으로
다 들어갔지요.

🌱 병아리들은 '뾰뾰뾰' 울며 엄마에게 먹을 것을 달라고 해요.
엄마 닭은 '꺽꺽꺽' 대답하며 병아리들을 보듬어 주어요.

43

조개껍질

윤동주

아롱아롱 조개껍데기
울 언니 바닷가에서
주워 온 조개껍데기

여긴 여긴 북쪽 나라요
조개는 귀여운 선물
장난감 조개껍데기

데굴데굴 굴리며 놀다
짝 잃은 조개껍데기
한 짝을 그리워하네

아롱아롱 조개껍데기
나처럼 그리워하네
물소리 바닷물 소리

선물 받은 조개껍질을 가지고 놀다 한 짝을 잃어 버렸나 봐요.
조개껍질이 바다를 그리워하듯 시인도 떠나온 고향을 그리워하고 있어요.

햇비

윤동주

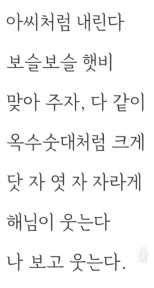

아씨처럼 내린다
보슬보슬 햇비
맞아 주자, 다 같이
옥수숫대처럼 크게
닷 자 엿 자 자라게
해님이 웃는다
나 보고 웃는다.

하늘 다리 놓였다
알롱알롱 무지개
노래하자, 즐겁게
동무들아 이리 오나
다 같이 춤을 추자
해님이 웃는다
즐거워 웃는다.

☆ 햇비 : 햇볕이 나 있는 날 잠깐 오다가 그치는 '여우비'의 사투리예요.
☆ 닷 자 엿 자 : 5자(151cm), 6자(181cm)를 뜻하며, 1자는 30.3cm에 해당해요.

서시

윤동주

죽는 날까지 하늘을 우러러

한 점 부끄럼이 없기를,

잎새에 이는 바람에도

나는 괴로워했다.

별을 노래하는 마음으로

모든 죽어가는 것을 사랑해야지.

그리고 나한테 주어진 길을

걸어가야겠다.

오늘 밤에도 별이 바람에 스치운다.

☆ 서시 : 책의 머리말을 대신해서 쓴 시를 말해요.
☆ 잎새 : '나뭇잎'을 뜻하며, 문학 작품에 쓰이는 표현이에요.

죽는 날까지 하늘을 우러러

한 점 부끄럼이 없기를,

잎새에 이는 바람에도

나는 괴로워했다

별을 노래하는 마음으로

모든 죽어가는 것을 사랑해야지.

그리고 나한테 주어진 길을

걸어가야겠다.

오늘 밤에도 별이 바람에 스치운다.

김소월은 자연과 사람들의 마음을 아름답게 표현한 시인이에요. 대표작 〈진달래꽃〉은 이별의 슬픔과 함께 따뜻한 사랑을 보여 주는 시예요.

방정환은 아동문학가이자 독립운동가였어요. '어린이날'을 만들고 어린이를 소중히 여기는 마음을 알렸어요. 어린이를 위한 잡지 《어린이》도 펴냈어요.

2장

김소월 · 방정환

형제 별

방정환

날 저무는 하늘에
별이 삼 형제
반짝반짝 정답게
지내더니

웬일인지 별 하나
보이지 않고
남은 별이 둘이서
눈물 흘린다.

🌱 세 개의 별이 친하게 지내다 별 하나가 사라져 눈물을 흘려요.
이 동시는 친구나 가족을 잃었을 때 슬픔을 표현하고 있어요.

날 저무는 하늘에
별이 삼 형제
반짝 반짝 정답게
지내더니

웬일인지 별 하나
보이지 않고
남은 별이 둘이서
눈물 흘린다.

물새

방정환

자고 나도 또 바다
내일도 바다.
푸른 물결 위에만
쓸쓸히 노는,
가엾은 물새들은
어디서 자나.

끝도 없는 바다를
다니는 배의,
바람맞이 돛 머리를
집으로 알고,
부모 없는 물새들은
따라다녀요.

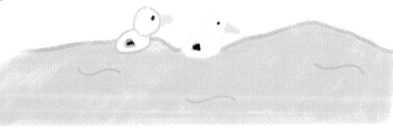

🌱 부모 없이 바다를 떠도는 물새들의 외로움을 표현한 동시예요.
항상 바다와 함께 살아가는 물새들은 배의 돛 머리에서 잠시 쉬기도 해요.

자고 나도 또 바다
내일도 바다.
푸른 물결 위에만
솔솔 부는
가을은 물새들은
여디서 지나

끝도 없는 바다를
다니는 배의.
바람맛이 뭇 어리를
집으로 알고.
부모 없는 물새들은
파란다네요.

55

여름비

방정환

여름에
오는 비는
나쁜 비야요.
굵다란 은 젓가락
내리던져서
내가 만든
꽃밭을
허문답니다.

여름에
오는 비는
엉큼하여요.
하ㅡ얀 비단실을
슬슬 내려서,
연못의
금잉어를
낚는답니다.

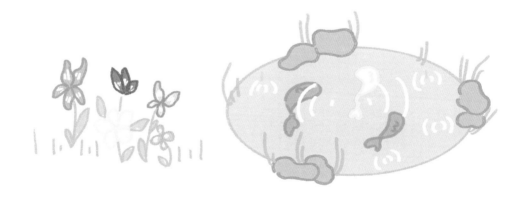

🌱 여름철에 굵고 세차게 내리는 비는 꽃밭을 허물기도 하고,
부드럽게 내리는 빗줄기는 연못의 금잉어를 낚는 것처럼 보이기도 해요.

여름에

오는 비는

나쁜 비야요.

굵다란 은 젓가락

내리던져서

내가 민튼

꽃밭에

흠뻑 만드니다.

여름은

오는 비는

영름해어요.

향근안 비단실을

술술 내려서

연못 익

이어를

낚는답니다.

엄마야 누나야

김소월

엄마야 누나야 강변 살자.

뜰에는 반짝이는 금모래빛,

뒷문 밖에는 갈잎의 노래,

엄마야 누나야 강변 살자.

☆ 갈잎 : '가랑잎'의 줄임말로, 잎이 넓은 나무의
　　마른 잎을 말해요.

엄마야 누나야 강변 살자.
뜰에는 반짝이는 금모래빛.
뒷문 밖에는 갈잎의 노래.
엄마야 누나야 강변 살자.

산유화

김소월

산에는 꽃 피네.　　　　산에는 꽃 지네

꽃이 피네.　　　　　　꽃이 지네.

갈 봄 여름 없이　　　　갈 봄 여름 없이

꽃이 피네.　　　　　　꽃이 지네.

산에

산에

피는 꽃은

저만치 혼자서 피어 있네.

산에서 우는 작은 새여.

꽃이 좋아

산에서

사노라네.

☆ **산유화** : 산에서 피는 꽃을 말해요.

☆ **갈 봄 여름** : 가을, 봄, 여름을 가리켜요. '가을'을 자연스럽게 발음하기 위해 '갈'이라 표현했어요.

산에는 꽃 피네.　　　산에는 꽃 지네

꽃이 피네.　　　　　꽃이 지네

갈 봄 여름 없이　　갈 봄 여름 없이

꽃이 피네.　　　　　꽃이 지네

산에　

산에

피는 꽃은

저만치 혼자서 피어 있네.

산에서 우는 작은 새여.

꽃이 좋아

산에서

사노라네.

개미

김소월

진달래꽃이 피고
바람은 버들가지에서 울 때,
개미는
허리 가늣한 개미는
봄날의 한나절, 오늘 하루도
고달피 부지런히 집을 지어라.

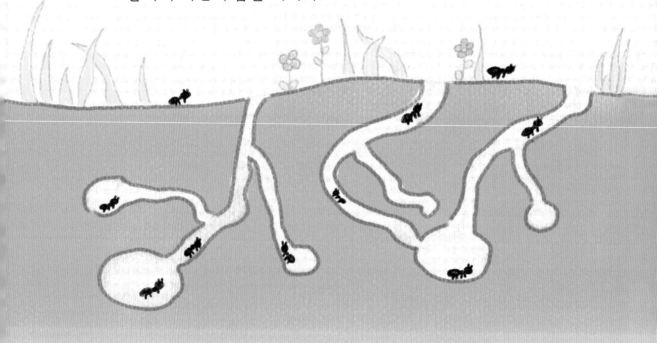

☆ **가늣하다** : 가늘다는 뜻이에요. '가늣한 허리', '가늣한 손가락' 등으로 써요.
☆ **고달프다** : 몹시 피곤하고 힘들다는 뜻이에요.

진달래꽃이 피고
바람은 버들가지에서 울 때,
개미는
허리 가늣한 개미는
봄날의 한나절, 오늘 하루도
고달피 부지런히 집을 지어라.

제비

김소월

하늘로 날아다니는 제비의 몸으로도
일정한 깃을 두고 돌아오거든!
어디 섧지 않으랴, 집도 없는 몸이야!

제비는 자유롭게 날아다니지만 돌아갈 둥지가 있어요.
하지만 시인은 편히 쉴 수 있는 집도 없어 슬프다(섧다)는 뜻이에요.

하늘로 날아다니는 제비의 몸으로도
일정한 깃을 두고 돌아오거든,
어디 섏지 않으랴, 집도 없는 몸이다.

부엉새

김소월

간밤에
뒤창 밖에
부엉새가 와서 울더니,
하루를 바다 위에 구름이 캄캄.
오늘도 해 못 보고 날이 저무네.

🌱 부엉새는 '부엉이'라고도 해요. 부엉이는 밤에 활동하는 새인데,
   시인은 어젯밤에 부엉이가 울어서 오늘 해를 보지 못했다고 탓하고 있어요.

간밤에

뒤창 밖에

부엉새가 와서 울더니.

하루를 바다 위에 구름이 캄캄.

오늘도 해 못 보고 날이 저무네.

진달래꽃

김소월

나 보기가 역겨워

가실 때에는

말없이 고이 보내 드리오리다.

영변에 약산

진달래꽃

아름 따다 가실 길에 뿌리오리다.

가시는 걸음걸음

놓인 그 꽃을

사뿐히 즈려밟고 가시옵소서.

나 보기가 역겨워

가실 때에는

죽어도 아니 눈물 흘리오리다.

☆ 즈려밟다 : 위에서 내리눌러 밟는다는 뜻으로 '지르밟다'가 표준어예요.

나 보기가 역겨워

가실 때에는

말없이 고이 보내 드리오리다.

영변에 약산

진달래꽃

아름 따다 가실 길에 뿌리오리다.

가시는 걸음걸음

놓인 그 꽃을

사뿐히 즈려밟고 가시옵소서.

나 보기가 역겨워

가실 때에는

죽어도 아니 눈물 흘리오리다.

귀뚜라미 소리

방정환

귀뚜라미 귀뚜르르 가느단 소리
달님도 추워서 파랗습니다.

울 밑에 과꽃이 네 밤만 자면
눈 오는 겨울이 찾아온다고

귀뚜라미 귀뚜르르 가느단 소리
달밤에 오동잎이 떨어집니다.

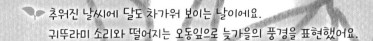
추워진 날씨에 달도 차가워 보이는 날이에요.
귀뚜라미 소리와 떨어지는 오동잎으로 늦가을의 풍경을 표현했어요.

70

귀뚜라미 귀뚜르르 가느단 소리
달님도 추워서 파랗습니다.

율 밑에 과꽃이 네 밤만 자면
눈 오는 겨울이 찾아온다고

귀뚜라미 귀뚜르르 가느단 소리
달밤에 오동잎이 떨어집니다.

가을밤

방정환

착한 아가 잠 잘 자는
베갯머리에
어머님이 혼자 앉아
꿰매는 바지
꿰매어도 꿰매어도
밤은 안 깊어.

지나가던 소낙비가
적신 하늘에
집을 잃은 부엉이가
혼자 앉아서
부엉부엉 울으니까
밤이 깊었네.

기러기 떼 날아간 뒤
잠든 하늘에
둥근 달님 혼자 떠서
젖은 얼굴로
비치어도 비치어도
밤은 안 깊어.

🌱 엄마는 잠을 자는 아이 옆에서 바지를 꿰매고 있어요.
소낙비가 내린 후 부엉이 울음소리가 들릴 때쯤 깊은 밤이 되었어요.

착한 아가 잠 잘 자는
베갯머리에
어머님이 혼자 앉아
꿰매는 바지
꿰매어도 꿰매어도
밤은 안 깊어.

기러기 떼 날아간 뒤
잠든 하늘에
둥근 달님 혼자 떠서
젖은 얼굴로
비치어도 비치어도
밤은 안 깊어.

지나가던 소낙비가
적신 하늘에
집을 잃은 부엉이가
혼자 앉아서
부엉부엉 울으니까
밤이 깊었네.

길 떠나는 제비

방정환

조그만 머리에는
까만 운동모.
날씬한 몸에는
새까만 양복.
새빨간 목도리를
둘러 감고서
팔팔 날며 재주넘는
어여쁜 제비.

연못물에 찰찰찰
날개를 씻고,
전선줄에 다랑다랑
모여 앉아서,

고개를 요리조리
갸웃거리며,
먼—강남 갈 공론
지지배배배.

맘씨 착한 주인께
인사도 하고,
처마 끝에 진흙집
헐지 말라고,
산 넘고 바다 건너
멀고 먼 강남.
가 있다가 명년 봄에
다시 오리다.

☆ **강남** : 중국의 남쪽 지역을 말해요. 제비는 날씨가 추우면 따뜻한 남쪽 나라로 날아가요.
☆ **공론** : 여럿이 함께 나누는 이야기라는 뜻이에요.
☆ **명년** : '내년'을 뜻해요.

조그만 머리에는
까만 운동모,
날씬한 몸에는
새까만 양복,
새빨간 목도리를
둘러 감고서
팔팔 날며 재주넘는
어여쁜 제비.

연못물에 찰찰찰
날개를 씻고,
전선줄에 다랑다랑
모여 앉아서,

고개를 요리조리
갸웃거리며,
먼ㅡ강남 갈 공론
지지배배배.

날씨 착한 주인께
인사도 하고,
처마 끝에 진흙집
헐지 말라고,
산 넘고 바다 건너
멀고 먼 강남,
가 있다가 명년 봄에
다시 오리다.

권태응은 시인이며 독립운동가로 활동했어요.
일제강점기에 우리말과 우리 문화를 지키려고
노력했어요. 주로 자연과 일상생활을 주제로 어린이들이
쉽게 이해할 수 있는 이야기를 동시로 표현했어요.
대표작 〈감자꽃〉은 자연을 사랑하는 마음을 담았으며,
그의 시는 쉬운 말과 리듬감 있는 문장이 특징이에요.

3장

권태웅

오리

권태응

둥둥 엄마 오리,
못물 위에 둥둥.

동동 아기 오리,
엄마 따라 동동.

풍덩 엄마 오리,
못물 속에 풍덩.

퐁당 아기 오리,
엄마 따라 퐁당.

☆ **못물** : 연못에 고여 있는 물을 뜻해요.

뒤	뚱		엄	마		오	리	.		
뒤	뚱		위	에		뒤	뚱			
뒤	뚱		아	기		오	리	.		
뒤	뚱		따	라		뒤	뚱			
퐁	당		엄	마		오	리	.		
퐁	당		속	에		퐁	당	.		
퐁	당		아	기		오	리	.		
엄	마		따	라		퐁	당	.		

산 샘물

권태응

바위 틈새 속에서
쉬지 않고 송송송.

맑은 물이 고여선
넘쳐흘러 졸졸졸.

푸고 푸고 다 퍼도
끝임없이 송송송.

푸다 말고 놔두면
다시 고여 졸졸졸.

산속에서 맑은 샘물이 '송송송', '졸졸졸' 소리를 내며 흐르고 있어요.
샘물처럼 항상 마르지 않고 계속 이어지길 바라는 것이 있나요?

바위 틈새 속에서
쉬지 않고 송송송.

맑은 물이 고여서
넘쳐 흘러

푸고 푸고 다고
끝임없이 송송송.

푸다 말고 보면
다시 고여 졸졸졸.

고추잠자리

권태응

혼자서 떠 헤매는
고추잠자리,
어디서 서리 찬 밤
잠을 잤느냐?

빨갛게 익어 버린
구기자 열매,
한 개만 따 먹고서
동무 찾아라.

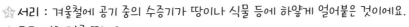

☆ **서리** : 겨울철에 공기 중의 수증기가 땅이나 식물 등에 하얗게 얼어붙은 것이에요.
☆ **동무** : '친구'를 뜻해요.

혼자서 떠 헤매는
고추잠자리.
어디서 서리 찬 밤
잠을 잤느냐?

뻘겋게 익어 버린
구기자 열매,
한 개만 따 먹고서
동무 찾아리.

장맛비 갠 날

권태응

활짝 장맛비
개었습니다.
새빨간 봉숭아
눈부십니다.
맴 맴 매미들
울어 댑니다.

이젠 장맛비
개었습니다.
잠자리도 좋아서
날아 댑니다.
우리들은 고기잡이
개울 갑니다.

🌿 장맛비가 그치고 맑아진 하늘 아래, 햇빛을 받은 봉숭아는 더욱 눈부셔 보여요.
　매미가 울고, 잠자리도 날아다니는 화창한 여름날 풍경이 담겨 있어요.

활짝　　　장맛비
개었습니다.
새빨간　　봉숭아
눈부십니다.
맴　　맴　　매미들
울어　　댑니다.

이젠　　　장맛비
개었습니다.
잠자리도　　좋아서
날아　　댑니다.
우리들은　　고기잡이
개울　　갑니다.

앵두

권태응

빨강 빨강 앵두가

오볼조볼 온 가지.

아기들을 부른다.

정다웁게 모여라.

동글동글 앵두는,

예쁜 예쁜 열매는,

아기들의 차질세.

달궁달궁 먹어라.

☆ **오볼조볼** : 작은 열매가 많이 매달려 있는 모양을 가리키며, '조랑조랑'의 사투리예요.

☆ **달궁달궁** : 아이들이 앵두를 먹는 모습을 재미있게 흉내 낸 말이에요.

빨강 빨강 앵두가
오볼조볼 온 가지.

아기들을 부른다.
정다웁게 모여라.

동글동글 앵두는.
예쁜 예쁜 열매는.

아기들의 차질세.
달궁달궁 먹어라.

엄마 손

권태응

엄마 손은 잠손
잠이 오는 손.

토닥토닥 아기 이불
두드리면은
솔솔 눈이 감기며
잠이 들고.

엄마 손은 약손
병이 낫는 손.

살근살근 아기 배를
문지르면은
아픈 배가 쑥쑥
이내 낫고.

☆ **약손** : 아픈 곳을 쓰다듬어 주는 손을 뜻해요.
☆ **이내 낫고** : 바로 낫는다는 뜻이에요.

엄	마		손	은		잠	손			
잠	이		오	는		손	.			
토	닥	토	닥			아	기		이	불
두	드	리	면	은						
솔	솔		눈	이		걷	기	에		
잠	이		눌	다	.					
엄	마		손	은		약	손			
병	이		낫	는		손	.			
살	근	살	근			아	기		배	를
문	지	로	면	은						
아	픈		배	가		쑥	쑥			
이	내		낫	고	.					

감자꽃

권태응

자주 꽃 핀 건 자주 감자

파 보나 마나 자주 감자.

하얀 꽃 핀 건 하얀 감자

파 보나 마나 하얀 감자.

🌱 자주색 꽃이 피면 자주색 감자가 열리고, 흰색 꽃이 피면 속이 하얀 감자가 열린대요.
감자꽃으로 땅속의 감자 색깔을 짐작할 수 있다니 정말 신기해요.

자주 꽃 핀 건 자주 감자

파 보나 마나 자주 감자.

하얀 꽃 핀 건 하얀 감자

파 보나 마나 하얀 감자.

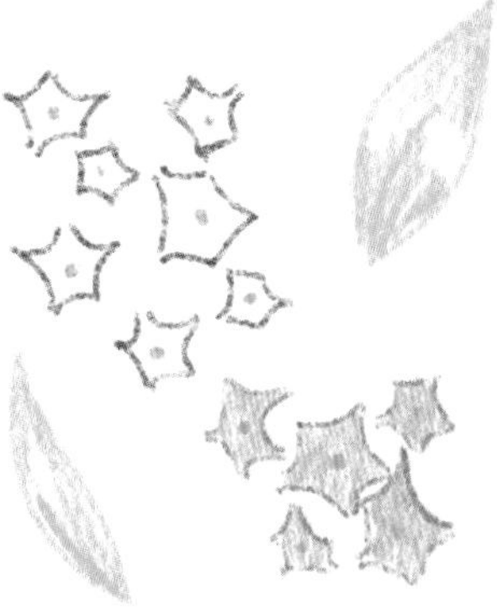

땅감나무

권태응

키가 너무 높으면,

까마귀 떼 날아와 따 먹을까 봐

키 작은 땅감나무 되었답니다.

키가 너무 높으면,

아기들 올라가다 떨어질까 봐

키 작은 땅감나무 되었답니다.

☆ **땅감나무** : '토마토'를 가리키는 경상도 사투리예요.

아이들이 따 먹기 좋게 키 작은 땅감나무가 되었다는 표현이 예쁜 동시예요.

키가 너무 높으면,

까마귀 떼 날아와 꽃 먹을까 봐

키 작은 방긴나무 되었답니다

키가 너무 높으면,

아기들 올라가다 떨어질까 봐

키 작은 방긴나무 되었답니다.

한동네 사람

권태응

누구 집 논이 얼만지 모두 알고,
누구 집 밭이 어딨는지 모두 압니다.
예로부터 살아오는 한동네 사람.

저 개는 누구 집 개인지 그것도 알고,
이 소도 누구 집 소인지 모두 알지요.
식구처럼 모여 사는 한동네 사람.

🌱 동네 사람들이 논밭과 동물까지 누구네 집 것인지 알 정도로 가까운 사이예요.
우리 주변에도 이들처럼 서로 잘 아는 이웃이 있나요?

누구 집 논이 얼만지 모두 알고,
누구 집 밭이 어딨는지 모두 압니다.
예로부터 살아오는 한동네 사람.

저 개는 누구 집 개인지 그것도 알고,
이 소는 누구 집 소인지 모두 알지요,
식구처럼 모여 사는 한동네 사람.

봄날

권태응

햇볕이 따끈
얼음장 풀리고

졸졸졸 시냇물
고기들은 헤엄친다.

햇볕이 따끈
땅덩이 풀리고

새파란 보리싹
싱싱하게 자란다.

햇볕이 따끈
추위 확 풀리고

아이들은 자꾸만
바깥으로 나간다.

🌱 따뜻한 햇볕에 얼음이 녹는 봄날이 되었어요. 고기들은 헤엄치고,
새싹도 머리를 내밀어요. 아이들도 밖으로 나가 봄맞이를 하려나 봐요.

햇볕이 따끈   새파란 보리싹

얼음장 풀리고

도토리들

권태응

오종종 매달린 도토리들
바람에 우르르 떨어진다.

머리가 깨지면 어쩌려고
모자를 벗고서 내려오나.

날마다 우르르 도토리들
눈을 꼭 감고서 떨어진다.

아기네 동무와 놀고 싶어
무섬도 안 타고 내려온다.

🌱 시인은 도토리가 우르르 떨어지는 모습이 마치 친구들과 놀고 싶어서
무서움(무섬)도 이기고 내려오는 아이처럼 보였나 봐요.

오롱종 매달린 도토리들
바람에 우르르 떨어진다.

그네가 앞으로 뒤로 흔들려
그만 놓고서 내려온다

나무가 우르르 도토리를
그늘 밖 흔들어 떨어진다.

아기다 친구와 놀고 싶어
무성도 않 타고 내려온다.

추석날

권태응

하나 둘 셋 넷

다섯 밤만 자면은

즐거운 추석날

우리 명절날.

꼬까옷을 입고는

차례 지내고,

송편에 밤 대추

맛있게 먹고,

동무 찾아다니며

재미나지요.

어서 빨리 추석날

돌아왔으면.

🌱 온 가족이 모여 맛있는 음식을 먹고, 친구(동무)들과 어울려 노는
추석날을 하루하루 기다리고 있어요.

오곤자근

권태응

꿀벌들은 통 속에서 오곤자근.

동무 동무 정다웁게 뫄 온 양식,

서로 서로 노나 먹곤 오곤자근.

생쥐들은 굴속에서 오곤자근.

동무 동무 정다웁게 뫄 온 곡식,

소곤소곤 노나 먹곤 오곤자근.

아기들은 방 안에서 오곤자근.

동무 동무 정다웁게 얻은 밤톨,

화롯불에 묻어 놓곤 오곤자근.

☆ **오곤자근** : 서로 매우 정답게 지내는 모양을 가리켜요.

☆ **뫄 온** : '모아 온'을 줄여서 표현했어요.

☆ **노나 먹곤** : '나누어 먹고는'이라는 뜻이에요.

정지용은 자연과 삶을 아름답게 쓴 시가 많아요.

대표작 〈향수〉는 고향의 풍경과 그리움을 담고 있어요.

간결하고 섬세한 표현으로 사람들에게 큰 감동을 주지요.

서덕출은 시인이면서 동요 작가로도 유명해요.

어릴 때 장애를 가졌지만, 긍정적인 마음으로 동시를 썼어요.

쉽고 리듬감 있는 글이 많고, 대표작 〈봄 편지〉가 있어요.

4장

정지용 · 서덕출

별똥

정지용

별똥 떨어진 곳,
마음에 두었다
다음날 가 보려,
벼르다 벼르다
이젠 다 자랐소.

🌱 별똥별이 떨어진 곳을 기억해 두고 찾아가 보려 했는데, 시간이 지나
어른이 되었어요. 별똥별이 떨어진 곳엔 무엇이 있었을까요?

호수

정지용

얼굴 하나야
손바닥 둘로
폭 가리지만,

보고 싶은 마음
호수만 하니
눈 감을 수밖에.

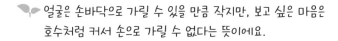 얼굴은 손바닥으로 가릴 수 있을 만큼 작지만, 보고 싶은 마음은
호수처럼 커서 손으로 가릴 수 없다는 뜻이에요.

할아버지

정지용

할아버지가
담뱃대를 물고
들에 나가시니,
궂은 날도
곱게 개이고,

할아버지가
도롱이를 입고
들에 나가시니,
가문 날도
비가 오시네.

☆ **도롱이** : 어깨에 둘러 입던 비옷으로, 짚을 엮어 만들었어요.
☆ **가문 날** : 오랫동안 비가 오지 않아 땅이 마른 날을 뜻해요.

밤 시계

서덕출

딸깍딸깍 시계가
딸깍거리네.
벽 위에 걸려 있는
시계가 딸깍
밤이면 우는 애도
잠을 자는데
시계만 잠 안 자고
딸깍거리네.

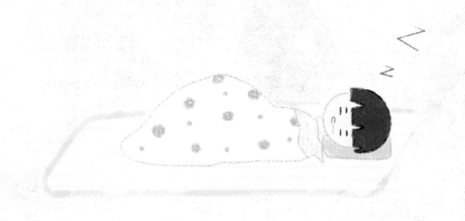

🌱 시계는 하루 종일 쉬지 않고 움직여요. 밤이 되면 울던 아이도
울음을 그치고 잠을 자는데, 시계는 쉴 줄 몰라요.

봄 편지

서덕출

연못가에 새로 핀
버들잎을 따서요
우표 한 장 붙여서
강남으로 보내면
작년에 간 제비가
푸른 편지 보고요
대한 봄이 그리워
다시 찾아옵니다.

☆ **강남** : 따뜻한 남쪽 나라를 뜻해요.
☆ **대한** : '우리나라'를 가리켜요.

114

버들피리

서덕출

버들피리 봄인 듯이
소리가 고와
진달래꽃 빵실빵실
웃고 핍니다.

버들피리 봄 저녁에
불어 날리며
별님이 너도나도
내다봅니다.

🌱 '버들피리'는 버드나무 가지로 만든 피리로, 고운 소리가 나지요.
진달래꽃과 별님도 버들피리 소리를 함께 즐기고 있어요.

버들피리 불어 불어

봉선화

서덕출

옛날의 왕자 별을

못 잊어서요.

새빨간 치마 입은

고운 색시가

흩어진 봉선화를

고이 모아서

올해도 손끝에

물들입니다.

🌱 주인공은 손톱에 봉선화(봉숭아) 꽃물을 들이며 왕자 별을 그리워하고 있어요.
색색깔 꽃물처럼 우리의 마음도 아름답게 물드는 것 같아요.

홍시

정지용

어저께도 홍시 하나.
오늘에도 홍시 하나.

까마귀야. 까마귀야.
우리 나무에 왜 앉았나.

우리 오빠 오시걸랑.
맛보이려고 남겨 뒀다.

후락 딱 딱
훠이 훠이!

🌱 감나무의 홍시(잘 익은 감)를 오빠가 오면 주려고 남겨 두었는데,
까마귀가 와서 먹으려 해요. 아이는 "훠이 훠이!" 까마귀를 쫓아냈어요.

바람

정지용

바람.

바람.

바람.

너는 내 귀가 좋으냐?

너는 내 코가 좋으냐?

너는 내 손이 좋으냐?

내사 온통 빨개졌네.

내사 아무치도 않다.

호호 추워라 구보로!

☆ **내사 아무치도 않다** : 나는 아무렇지도 않다는 뜻이에요.

☆ **구보로!** : '뛰어라!'를 뜻해요.

바람

바람

바람

눈이 온다

눈이 오면 행복해진다

눈사람 만들어도 된다.

손이 추워서 곤란해!

굴뚝새

정지용

굴뚝새 굴뚝새

어머니—
문 열어 놓아 주오, 들어오게
이불 안에
식전내— 재워 주지

어머니—
산에 가 얼어 죽으면 어쩌우
박쪽에다
숯불 피워다 주지

☆ **굴뚝새** : 우리나라에서 사는 텃새로 참새처럼 몸집이 작아요.
☆ **식전내** : 아침 식사를 하기 전까지를 뜻해요.
☆ **박쪽** : 박을 반으로 쪼개서 만든 바가지예요.

바다

정지용

오·오·오·오·오· 소리치며 달려가니
오·오·오·오·오· 연달아서 몰아온다.

간밤에 잠 살포시
머언 뇌성이 울더니,

오늘 아침 바다는
포도빛으로 부풀어졌다.

철썩, 처얼썩, 철썩, 처얼썩, 철썩,
제비 날아들 듯 물결 사이사이로 춤을 추어.

☆ **머언** : 멀다는 뜻으로, 시에서는 이렇게 문법을 지키지 않고 새로운 표현을 만들기도 해요.
☆ **뇌성** : '천둥소리'를 뜻해요.

1, 2, 3, 4, 선생

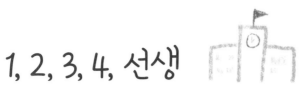

서덕출

나는 학교 조그마한
학생이지만
집에 와서는 두말없이
선생이란다.
우리 동무 둘 셋을
데려다 놓고
1, 2, 3, 4, 가르치는
선생이란다.

🌱 이 동시는 주인공이 학교에서 배운 내용을 친구들에게 가르쳐 주며
선생님처럼 행동하는 모습이 담겨 있어요.

눈 뜨는 가을

서덕출

가을이 눈 한 번
힐끗 뜨더니
하늘이 파랗게
높아지고요
나뭇잎 병들어
노랗습니다.

가을이 눈 뜨면
달도 밝아서
벌레가 처량히
울음 우는 밤
나뭇잎 장례가
떠나갑니다.

🍃 가을이 되면 하늘은 더욱 파래지고, 나뭇잎은 노랗게 변해요.
떨어진 나뭇잎은 땅으로 돌아가 나무의 거름이 되지요.

눈은 눈은

서덕출

눈은 눈은 하늘에 설탕일까요
설탕이면 달지 않고 이만 시릴까?

눈은 눈은 하늘에 소금일까요
소금이면 짜지 않고 이만 시릴까?

눈은 눈은 하늘에 떡가루까요
떡가루면 떡장수 걷어 안 갈까?

눈은 눈은 하늘에 분가루까요
분가루면 색시가 걷어 안 갈까?

🌱 시인은 새하얀 눈을 설탕, 소금, 떡가루, 분가루라고 상상했어요.
왜 눈은 설탕이나 소금처럼 달거나 짜지 않을까요?

눈꽃송이

서덕출

송이송이 눈꽃송이
하얀 꽃송이
하늘에서 피어 오는
하얀 꽃송이
나무에나 뜰 위에나
동구 밖에나
골고루 나부끼니
보기도 좋네.

송이송이 눈꽃송이
하얀 꽃송이
하늘에서 피어 오는
하얀 꽃송이
크고 작은 오막집을
가리지 않고
골고루 나부끼니
보기도 좋네.

☆ **동구** : 동네가 시작되는 입구를 뜻해요.
☆ **오막집** : '오두막집'을 가리키는 사투리예요.

엮은이 **이미선**

대학 졸업 후 잡지사와 출판사에서 일하며 서울을 누렸으며,
지금은 제주에서 아이들과 함께 섬 곳곳을 누리며 기획편집자로 일하고 있습니다.
그동안 쓴 책으로는 《국어가 쉬워지는 초등 어휘력 사전》, 《국어가 쉬워지는 초등 맞춤법 사전》,
《똑똑한 한글 그리기 놀이책》, 《하루 10분 맞춤법 따라쓰기》, 《하루 10분 초등 한자 따라쓰기》,
《하루 10분 속담 따라쓰기》, 《하루 10분 초등교과 가로세로 낱말퍼즐》 등이 있습니다.

그린이 **권은재**

제주 서쪽의 바닷가 마을에 사는 소녀. 한림여자중학교에 다니고 있으며,
고양이를 좋아하고, 길가에서 만난 꽃을 자주 그립니다. 첫 책 〈예쁜 마음 바른 글씨
또박또박 동시 따라쓰기〉에 순수하고 따뜻한 감성을 잘 담아냈습니다.

예쁜 마음
바른 글씨

또박또박
동시 따라쓰기

초판 1쇄 인쇄 2025년 1월 27일
초판 1쇄 발행 2025년 1월 31일

엮은이 이미선
그린이 권은재
펴낸이 박수길
펴낸곳 (주)도서출판 미래지식
디자인 design ko

주소 경기도 고양시 덕양구 통일로 140 삼송테크노밸리 A동 3층 333호
전화 02)389-0152
팩스 02)389-0156
홈페이지 www.miraejisig.co.kr
전자우편 miraejisig@naver.com
등록번호 제 2018-000205호

ISBN 979-11-93852-27-9 74700
ISBN 979-11-93852-26-2 (세트)

* 미래주니어는 미래지식의 어린이책 브랜드입니다.